s artistas

en su mundo

Salvador Dalí

BLUME

Robert Anderson

BLUME

Título original:
Salvador Dalí

Traducción:
Ana Giralt Jordà

Revisión artística de la edición en lengua española:
Anna María Guasch Ferrer
Profesora Titular
Historia del Arte
Facultad de Bellas Artes
Universidad de Barcelona

Coordinación de la edición en lengua española:
Cristina Rodríguez Fischer

Primera edición en lengua española 2004

© 2004 Art Blume, S. L.
Av. Mare de Déu de Lorda, 20 - 08034 Barcelona
Tel. 93 205 40 00 Fax 93 204 14 41
E-mail: info@blume.net
© 2002 Franklin Watts, Londres

I.S.B.N.: 84-932442-0-1
Depósito Legal: B. 37.313-2004
Impreso en Bigsa, Granollers (Barcelona)

CONSULTE EL CATÁLOGO DE PUBLICACIONES *ON-LINE*
INTERNET: HTTP://WWW.BLUME.NET

Agradecimientos

The Advertising Archives: 40. AKG Londres: 12s. Archive Photos/Hulton Archive: 20siz. Archivio
Iconografico, S. A.: Corbis 11 © Salvador Dalí, Fundación Gala-Salvador Dalí, DACS, Londres 2002.
Bettmann/Corbis: portada ic,19i, 32i. Central Press/Hulton Archive: 25s. Fox Photos/Hulton Archive:
32siz. Daniel Frasnay/AKG Londres: 20cd, 42. Fundació Gala-Salvador Dalí: 6, 7i, 9s © Salvador Dalí,
Fundación Gala-Salvador Dalí, DACS, Londres 2002, 13 © Salvador Dalí, Fundación Gala-Salvador Dalí,
DACS, Londres 2002, 33 © Salvador Dalí, Fundación Gala-Salvador Dalí, DACS, Londres 2002, 39
© Salvador Dalí, Fundación Gala-Salvador Dalí, DACS, Londres 2002. © Fundación Federico García Lorca:
12i, 14s. Galerie Daniel Malingue, París: Bridgeman 18s © ADAGP, París y DACS, Londres 2002. Robert
Harding PL: 7s, 8. Charles Hewitt/Picture Post/Hulton Archive: 22iiz. Hulton Archive: portada id,18i, 24i,
30siz, 34, 36i. Cortesía de Kobal Collection: 16siz, 17, 35i. Kunsthalle, Hamburgo: Bridgeman 10 © DACS
2002. Louvre, París: Bridgeman 14i, Giraudon/Bridgeman 30c. Cortesía de Lee Miller Archives: 28s. Museo
de Arte Moderno, Nueva York: Artothek portada c y 21 © Salvador Dalí, Fundación Gala-Salvador Dalí,
DACS, Londres 2002, 23 © Salvador Dalí, Fundación Gala-Salvador Dalí, DACS, Londres 2002. Museo
Nacional de Arte Moderno, París: Lauros-Giraudon/Bridgeman 35s © ARS, NY y DACS, Londres, 2002.
Musée d'Orsay, París: Bridgeman 22s. Museo de Arte de Filadelfia: Corbis 28i. Prado, Madrid:
Giraudon/Bridgeman 26i. Colección Privada: Index/Bridgeman 15 © Salvador Dalí, Fundación
Gala-Salvador Dalí, DACS, Londres 2002: Lauros-Giraudon/Bridgeman 24s © ADAGP, París y DACS,
Londres 2002. Rex Features: 41s. Ewa Rudling/Sipa Press/Rex Features: 41i. Museo de Arte Religioso
de St Mungo, Glasgow: Artothek 37 © Museos de Glasgow: Museo de Arte y Vida Religioso de
St Mungo. Sipa Press/Rex Features: 36i, 38. Tate Picture Library: 26s detalle © Salvador Dalí, Fundación
Gala-Salvador Dalí, DACS, Londres 2002, 27 © Salvador Dalí, Fundación Gala-Salvador Dalí, DACS,
Londres 2002, 29 © Salvador Dalí, Fundación Gala-Salvador Dalí, DACS, Londres 2002, 31 © Salvador
Dalí, Fundación Gala-Salvador Dalí, DACS, Londres 2002. Topical Press Agency/Hulton Archive: 16sd.

Contenido

¿Quién fue Salvador Dalí?

Salvador Dalí fue bautizado con el nombre de Salvador Felipe Jacinto Dalí Domènech el 11 de mayo de 1904 en Figueres, una pequeña localidad situada en el nordeste de España, en Cataluña.

El padre de Dalí, también llamado Salvador, era una destacada e importante figura de Figueres, que contaba con muchos amigos, algunos de los cuales eran pintores o escritores. La madre de Dalí, Felipa, católica devota, era una persona muy agradable y afectuosa. Dalí la llamaría más tarde «la miel de la familia».

«A mis seis años
quería ser cocinero;
a los siete, Napoleón,
y desde entonces
mi ambición
ha crecido
sin límites.»

Salvador Dalí

▲ Salvador Dalí con cinco años en un parque de Barcelona. De niño, Dalí fue mimado y consentido. Su hermano mayor había muerto siendo aún un bebé, casi un año antes de que Dalí naciera. Por eso sus padres fueron excesivamente protectores con su segundo hijo.

UN SOÑADOR

El joven Salvador y su hermana menor, Anna Maria, pasaron la mayor parte de su infancia en los alrededores del confortable piso familiar situado en la parte más concurrida de la localidad. Entre los seis y los doce años, Salvador fue a la escuela católica de los Hermanos Franceses. Aunque era un joven muy inteligente, en las horas de clase tenía dificultades para concentrarse. A menudo, sentado en su pupitre, se perdía en sueños diurnos. Algunas veces garabateaba en sus libros escolares, otras se quedaba simplemente mirando fijamente las manchas de humedad del techo e imaginaba todo tipo de cosas fantásticas.

INSPIRACIÓN NATURAL

Los fines de semana y durante las largas y calurosas vacaciones de verano, la familia Dalí visitaba el pueblo de Cadaqués, situado en la costa. Allí tenían una casa rodeada de jardines, campos y naranjos. Salvador y Anna Maria pasaban sus días explorando calas y pequeñas playas, o bien observando cómo pintaban los amigos de su padre, inspirados por las bellas vistas del mar Mediterráneo.

La casa de los Dalí estaba siempre llena de tíos, tías y primos, además de otros muchos invitados. A pesar de la que, aparentemente, fuera una infancia idílica, Dalí la recordaría más tarde también como agitada e infeliz.

▲ Cadaqués, la pintoresca localidad de pescadores, fue el lugar favorito de Dalí a lo largo de su vida. Sus típicas playas de rocas y despeñaderos aparecen en muchas de sus obras.

▲ La familia Dalí en Cadaqués hacia 1910. De izquierda a derecha, Maria Teresa, tía de Dalí, su madre y su padre, él mismo, su tía Catalina, su hermana Anna Maria y su abuela Anna.

MEMORIAS Y MITOS

En 1942, Dalí publicó sus memorias bajo el título *La vida secreta de Salvador Dalí*. Allí se encuentran muchas historias sobre su infancia. Por ejemplo, que su hermano mayor había muerto a la edad de siete años y que sus padres lo habían querido mucho más que a él. En realidad, el hermano de Dalí murió a los pocos meses de haber nacido. Dalí no veía nada malo en inventarse historias. Él aseguraba que escondían una verdad mucho más profunda que los hechos reales. Sea como fuere, Dalí mantuvo, sin duda, una relación difícil con su padre.

Un artista catalán

▲ Uno de los edificios más asombrosos que Dalí vio en Barcelona fue la catedral de la Sagrada Familia del arquitecto Antoni Gaudí. Su aspecto de perfiles y contornos fundentes fue fuente de inspiración de sus obras maestras surrealistas.

Dalí viajaba a menudo con su padre a Barcelona, la capital catalana. En aquellos tiempos, la ciudad estaba floreciendo, por lo que había impresionantes edificios y parques nuevos que esperaban ser visitados. Algunos habían sido diseñados por el famoso aquitecto catalán Antoni Gaudí (1852-1926). El edificio más extraordinario era la Sagrada Familia, una catedral tan vasta y extravagante, que incluso en la actualidad está en proceso de construcción.

Barcelona era una ciudad llena de bares y cafés. Uno de los más populares era Els Quatre Gats. Allí se reunían pintores y escritores para discutir sobre las ideas más actuales que llegaban de París. En aquellos tiempos, París estaba a la cabeza de las nuevas tendencias en el arte, y algunos artistas españoles, como por ejemplo Pablo Picasso (1881-1971), vivían y trabajaban allí.

VIOLENCIA Y TRAGEDIA

A pesar de su prosperidad, Barcelona se tambaleaba sobre un ambiente de inquietud y violencia. La mayoría de los obreros de la ciudad estaban mal pagados y trabajaban en condiciones pésimas. Muchos de ellos simpatizaban con las ideas socialistas y comunistas del pensador alemán Karl Marx (1818-1883); otros defendían el anarquismo, es decir, la creencia de que hombres y mujeres deberían ser capaces de vivir libremente sus vidas y de manera independiente a cualquier ley del gobierno o de la Iglesia.

CRONOLOGÍA ▶

11 de mayo de 1904	1907	1908	1909	1914	1914-1918	1917
Salvador Dalí Domènech nace en Figueres, Cataluña, España.	El artista español Pablo Picasso pinta sus primeras obras cubistas en París.	Nace la hermana de Dalí, Anna Maria.	La Semana trágica: huelga y protestas de los trabajadores en Barcelona.	El Park Güell de Gaudí abre sus puertas en Barcelona.	Primera guerra mundial: España no interviene.	Exposición de las pinturas de Dalí en casa de la familia.

▲ *Retrato de mi padre*, 1920. Dalí pintó este retrato a los 16 años. Los colores resplandecientes y las pinceladas enérgicas muestran claramente influencias de un grupo de artistas franceses conocido como impresionistas.

En 1909, gran parte de los obreros de Barcelona se sublevó contra el gobierno y quemó iglesias y escuelas. El ejército puso fin al levantamiento. Murieron 116 personas. Los catalanes recuerdan este terrible acontecimiento con el nombre de la Semana trágica.

LA JOVEN PROMESA

Entre los compañeros de Dalí, las ideas anarquistas y socialistas eran muy populares. Mientras tanto, él se concentraba en aquello que realmente le gustaba: el dibujo y la pintura. Dalí empezó a dibujar y a pintar cuando todavía era muy joven. Sus padres le animaron e incluso le facilitaron un estudio. A los 13 años ganó un premio de dibujo. Su padre, orgulloso, hizo una fiesta para celebrarlo. Las primeras obras de Dalí muestran vistas marítimas con barcos, casas pintadas de blanco y campos de olivos. Asimismo, realizó retratos de su padre, al que mostraba, a menudo, con un traje muy elegante y llevando una cadena y un gran reloj de oro. Ya en la adolescencia, Dalí experimentó con los nuevos estilos audaces y descarados procedentes de París.

CATALUÑA

Hasta el siglo XVIII, Cataluña fue un país independiente, separado de España. Hasta la actualidad, los catalanes han conservado con gran orgullo sus tradiciones y costumbres locales, incluida su propia lengua, el catalán. El padre de Dalí era un gran defensor de la cultura catalana. En casa de Dalí se hablaba catalán, aunque él aprendió también español y francés. A lo largo de su vida, Dalí se mostró orgulloso de su tierra natal e incluso a menudo llevaba una «barretina» (*véase* pág. 36), el gorro típico catalán.

El paisaje de Cataluña comprende vastas y ásperas llanuras, además de una larga costa rocosa bañada por las cálidas aguas del mar Mediterráneo. La capital de Cataluña, Barcelona, está situada en la costa. Dalí nació en Figueres, una pequeña ciudad en el nordeste de Cataluña, a unos 97 km de Barcelona. Esta bonita y próspera ciudad yace a los pies de los Pirineos, no muy lejos de la frontera de España con Francia.

▲ Cataluña está situada al nordeste de España. Rodeada por las montañas y el mar, su emplazamiento contribuyó a que la región estuviera siempre apartada del resto de España, a lo que se unía su identidad fuerte y propia.

Estudios en Madrid

En 1922, con 17 años, Dalí se trasladó a la capital de España, Madrid, para ingresar en la Escuela de Bellas Artes de la Academia de San Fernando. Pronto le decepcionaron las clases de los profesores de esa institución. Le satisfacía mucho más vagar por el gran museo de arte de la ciudad, el Prado, que asistir a sus lecciones. De este museo Dalí admiraba los trabajos de los más grandes pintores españoles, como Diego Velázquez (1500-1660) y Francisco de Goya (1746-1828). Asimismo mantenía un estrecho contacto con las últimas tendencias del arte moderno.

◀ *Melancolía: La calle*, Giorgio de Chirico, 1924. En esta obra, De Chirico emplea un estilo realista y tradicional para crear una inquietante imagen donde una niña corre por un sombrío callejón.

UN ESTUDIANTE EXCÉNTRICO

En Madrid, Dalí vivía en la Residencia de Estudiantes. Allí conoció a un grupo bastante radical de jóvenes pintores y escritores, entre ellos el poeta Federico García Lorca (1898-1936) y Luis Buñuel (1900-1983). Los estudiantes llevaban una vida licenciosa por los cafés, bares y clubes nocturnos madrileños. Dalí acabó teniendo fama de excéntrico. ¡Una de sus jugarretas favoritas era dejar disolver un billete en un vaso de whisky para después bebérselo!

NUEVAS TENDENCIAS EN EL ARTE

Durante y después de la primera guerra mundial (1914-1918), muchos pintores europeos acabaron por aborrecer los interminables experimentos de épocas anteriores, de manera que empezaron a pintar de manera más tradicional. Así, artistas como el italiano Giorgio de Chirico (1888-1978) renunciaron a los colores atrevidos propios del expresionismo y a las formas descompuestas del cubismo. En su lugar, pintaban de forma íntegra y sincera, con colores apagados y técnicas convencionales de composición, como la perspectiva. A veces incluso combinaban los estilos anticuados con nuevos usos, y creaban imágenes sobrecogedoras. Estas imágenes despertaron el interés de Dalí.

CRONOLOGÍA ▶

1917	Febrero de 1921	Octubre de 1921	1922	Octubre de 1922	1923
La revolución rusa da lugar al primer gobierno comunista del mundo.	Muere la madre de Dalí.	Dalí se traslada a Madrid para estudiar en la Escuela de Bellas Artes de la Academia de San Fernando.	Se forma el grupo surrealista en París, con André Breton como líder.	Benito Mussolini establece la dictadura fascista en Italia.	Se publica en español *La interpretación de los sueños* de Sigmund Freud.

Retrato de Luis Buñuel, 1924

Óleo sobre lienzo, 68,5 x 58,5 cm, Museo Nacional Centro de Arte Reina Sofía, Madrid

Luis Buñuel fue uno de los mejores amigos de Dalí en la Residencia de Estudiantes de Madrid. Más tarde, Buñuel se convirtió en un famoso director de cine surrealista. En este retrato, Dalí muestra a su amigo posando en un extraño y triste paisaje invernal. El pintor utiliza una gama reducida de matices y colores opacos –marrones, grises, negros y blancos.

Amigos íntimos

▲ Picasso en su estudio en 1929.

DALÍ Y PICASSO

Dalí consideraba a Picasso como el pintor vivo más importante. A principios del siglo XX, Picasso ayudó a crear una tendencia nueva y revolucionaria en el arte llamada cubismo. En las pinturas cubistas se ven a la vez distintas perspectivas de un mismo sujeto, como, por ejemplo, de una persona o una naturaleza muerta (bodegón). Durante la década de 1920, Dalí creó sus propias pinturas cubistas, entre ellas, *Pierrot tocando la guitarra*.

Picasso vio y también elogió la exposición de Dalí en la galería Dalmau. La primera vez que Dalí estuvo en París, en 1926, nada más llegar fue a visitar a Picasso en su estudio. Al verlo, dijo Dalí: «he venido a verte antes de ir al Louvre». El Louvre es uno de los museos de arte más importantes del mundo.

E n 1923, el general español Miguel Primo de Rivera estableció la dictadura en España. Como el padre de Dalí se oponía al régimen, el gobierno condenó a su hijo a prisión durante 35 días. A Dalí no pareció preocuparle tal hecho, pues pasó la mayor parte del tiempo dibujando y bebiendo vino.

POESÍA Y PINTURA

El mejor amigo de Dalí durante la década de 1920 fue el poeta Federico García Lorca. Lorca provenía del sur de España, de la cálida y soleada región de Andalucía. Su poesía está llena de pasión y de imágenes oníricas. Cada uno de ellos admiraba profundamente el trabajo del otro, de modo que incluso sentían que su arte surgía como resultado de su amistad. Los dos amigos crecieron tan unidos que incluso Dalí llegó a imaginarse que Lorca y él eran una única persona, como se hace presente en *Pierrot tocando la guitarra*.

◄ Dalí (a la izquierda) y Lorca (a la derecha) en Cadaqués. Después de esta primera visita, Lorca escribió un poema de elogio a Dalí.

«Estrellas como puños sin halcón te relumbren, mientras que tu pintura y tu vida florecen.»

Federico García Lorca,
de su «Oda a Salvador Dalí».

En 1925, Dalí realizó su primera exposición en una de las galerías más importantes de Barcelona, la galería Dalmau. Las críticas sobre el joven artista fueron favorables y se vendieron muchas obras. No obstante, Dalí envió a Lorca solamente las críticas negativas diciendo: «las otras no son tan interesantes, pues son demasiado apasionadas».

CRONOLOGÍA ▶

Septiembre de 1923	Octubre de 1923	Mayo de 1924	Octubre de 1924	Marzo de 1925	Noviembre de 1925	Abril de 1926
Miguel Primo de Rivera establece la dictadura en España.	Dalí es expulsado temporalmente de la Academia de San Fernando.	Dalí cumple una condena de un mes de prisión.	Breton presenta el primer *Manifiesto Surrealista* en París.	Lorca viaja con Dalí a Cadaqués. La amistad se hace más estrecha.	Primera exposición de Dalí en la galería Dalmau.	Dalí viaja por primera vez a París. Allí visita a Pablo Picasso y a Joan Miró.

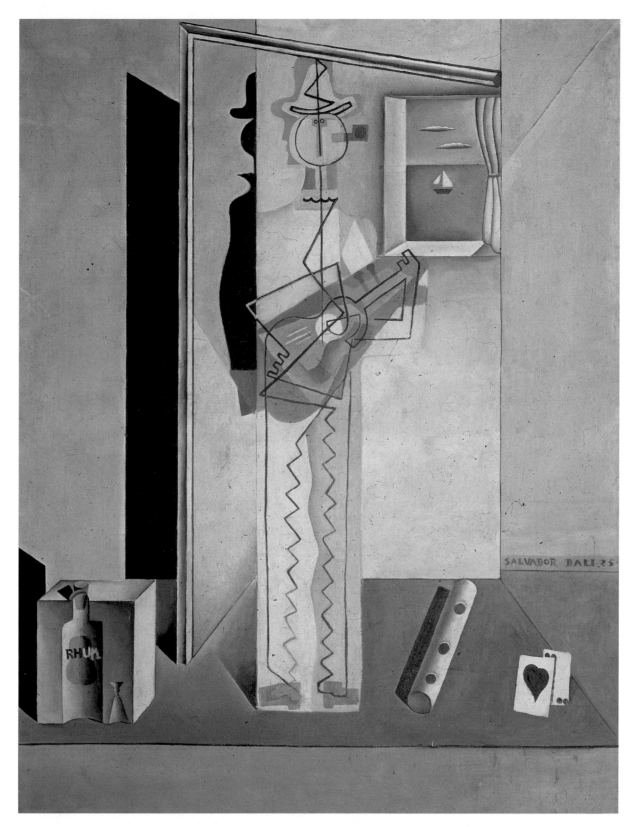

Pierrot tocando la guitarra, 1925

Óleo sobre lienzo, 198 x 149 cm, Museo Nacional Centro de Arte Reina Sofía, Madrid

El *pierrot* era semejante al *clown* de las pantomimas francesas que aparecía en algunas de las obras de Picasso. En este cuadro, Dalí mezcla algunas de sus características con las de Lorca. En el suelo hay una botella de ron, una flauta y unos naipes. El as de corazones simboliza la cariñosa amistad que unía a los dos hombres.

La vida como inspiración

En los primeros años de su carrera, Dalí no aplicó únicamente un estilo artístico. A medida que iba desarrollando su arte, imitaba y experimentaba con muchos estilos diferentes, de manera que estaba abierto a las influencias tanto de los pintores de las vanguardias como de los grandes maestros del pasado.

LOS MAESTROS DEL PASADO

A lo largo de su vida, Dalí admiró a los grandes artistas del pasado. Una de sus obras favoritas era *La encajera* del artista holandés Jan Vermeer (1632-1675). Esta pequeña pintura muestra una chica trabajando atentamente en una delicada pieza de encaje. El encaje requiere habilidad y mucha paciencia, y, tradicionalmente, era una tarea que realizaban las mujeres en sus hogares. Esta bella pintura de Vermeer inspiró a Dalí a pintar a su hermana trabajando en un encaje.

LA HERMANA MODELO

Llegadas las vacaciones de la Academia en Madrid, Dalí se instalaba siempre en la casa de la familia en Figueres o bien se iba a la costa, a Cadaqués. Las pinturas de este período muestran a menudo a su hermana disfrutando de las vistas de la ciudad de Figueres, mirando el mar, o trabajando tranquilamente. Dalí también solía pintar naturalezas muertas, es decir, imágenes de objetos cotidianos, como una fruta o un pan, cuchillos o botellas.

▲ Dalí con Anna Maria en Cadaqués, 1925.

EXPULSADO

En octubre de 1926, poco antes de licenciarse, Dalí fue expulsado de la Academia de San Fernando porque se negó a realizar una parte del examen final argumentando que sabía mucho más que su examinador. Quizás tuviera razón, ya que su reputación estaba creciendo y su trabajo había atraído la atención de Picasso y la del artista catalán Joan Miró (1893-1983). La extraordinaria fe en sí mismo y la ostentación formaban parte de su personalidad.

◄ *La encajera*, de Jan Vermeer, 1669-1670. El gusto por el detalle minucioso, como se distingue en el tratamiento de la obra, se plasma también en la tarea tan esmerada y cuidadosa de la joven criada.

CRONOLOGÍA ▶

Octubre de 1926	Enero de 1927	Febrero de 1927	Junio de 1927	Septiembre de 1927
Dalí es expulsado de la Academia de Bellas Artes de San Fernando.	Segunda exposición individual de Dalí. Incluye la obra *Mujer en la ventana en Figueres*.	Dalí empieza los nueve meses de servicio militar en Figueres.	Se estrena en Barcelona la obra de teatro de Lorca *Mariana Pineda* con decorados y vestuario de Dalí.	El artista catalán Joan Miró visita a Dalí. Más tarde, Miró le escribe y le anima a trasladarse a París.

Mujer en la ventana en Figueres, 1926

Óleo sobre lienzo, 24 x 25 cm, colección privada

Anna Maria está sentada en el balcón mirando desde lo alto la plaza mayor de Figueres. Al otro lado se ven las azuladas montañas de los Pirineos. Los brotes en los árboles nos muestran que acaba de comenzar la primavera. Como Vermeer, Dalí nos muestra en esta obra lo que significa estar profundamente absorto en una tarea, ya sea la del encaje o la de la pintura.

«Aquellos que no quieren imitar algo,
no producen nada.»

Salvador Dalí

Una película surrealista

▲ Cartel de *El acorazado Potemkin*, una película dirigida por Sergei Eisenstein.

MONTAGE

Dalí y Buñuel emplearon la nueva técnica del *montage* para inquietar al público. *Montage* significa la sucesión muy veloz de distintas imágenes. Su pionero fue el director de cine ruso Sergei Eisenstein (1898-1948). Hasta el momento, los directores se habían limitado a que la cámara filmara escenas continuas, de modo que una película era casi lo mismo que una obra de teatro. En la década de 1920, Eisenstein creó un método para editar diferentes tomas. Consistía en cortarlas rápidamente para mostrar distintos puntos de vista de una escena. Así la película era mucho más emocionante.

Hacia finales de la década de 1920 el interés de Dalí hacia el surrealismo iba en aumento. Se sentía fuertemente atraído por esas imágenes extrañas de sueños, de modo que empezó poco a poco a experimentar con ellas. El artista surrealista catalán Joan Miró ya le había propuesto viajar a París. Según él, allí iba a triunfar.

▲ Durante las décadas de 1920 y 1930 París fue la capital artística del mundo.

INSPIRADO POR LOS SUEÑOS

A principios de 1929, Dalí empezó a trabajar con su amigo de la academia Luis Buñuel en una película surrealista. En ella los sueños eran la fuente de inspiración. El sueño de Buñuel era una nube que cortaba por la mitad la luna; el de Dalí era una mano con muchas hormigas, a la que llamó mano hormigueante. En abril, Dalí se trasladó a París para empezar el rodaje de *Un chien andalou* (*Un perro andaluz*).

Un chien andalou era diferente al resto de películas filmadas hasta el momento y captó enormemente la atención del público parisiense. ¡Permaneció ocho meses en cartelera! La película dura sólo 17 minutos y casi no hay argumento. Es una sucesión de imágenes soñadas, como la mano hormigueante y un asno que se pudre sobre un piano.

CRONOLOGÍA ▶

Marzo de 1928	Abril de 1929	Verano de 1929	Octubre de 1929	Noviembre de 1929
Dalí publica el *Manifiesto amarillo,* en el que denunciaba el arte catalán.	Dalí viaja a París para rodar con Luis Buñuel la película *Un chien andalou.*	Empieza la relación amorosa con Gala Éluard, la mujer del poeta surrealista Paul Éluard (1895-1952). El padre de Dalí echa a su hijo de casa.	Se estrena *Un chien andalou* en un cine de París. Se produce el *crack* del 29: Estados Unidos y Europa se resienten de la depresión económica.	Primera exposición de Dalí en París.

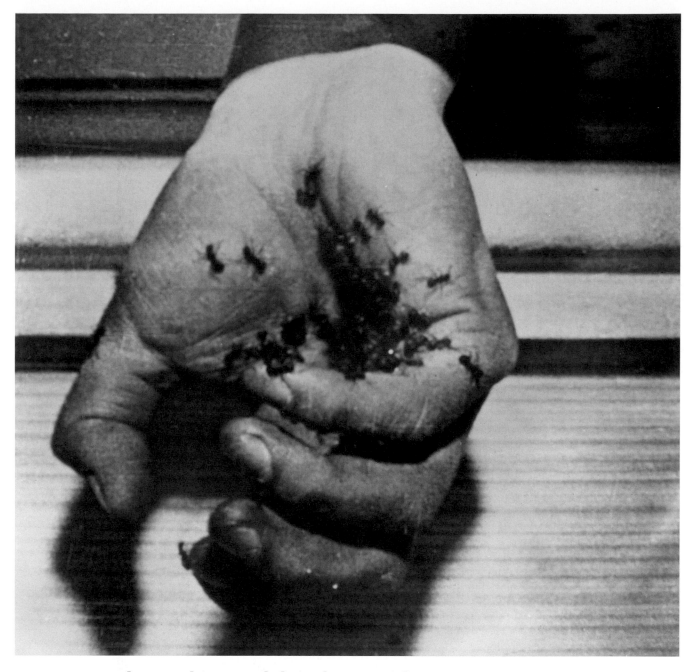

Fotograma de *Un chien andalou* - la mano hormigueante, 1929

Ésta es sólo una de las muchas imágenes extrañas e inquietantes de la película de Dalí y Buñuel. En otras escenas se ven fotogramas de un corcho, un melón, dos sacerdotes católicos y dos pianos sobre los cuales yacen dos asnos muertos. Dalí dibujó hormigas en muchas de sus pinturas. Para él eran el símbolo de la decadencia, el deterioro y la muerte. Siendo niño rescató a un murciélago y un poco más tarde lo encontró muerto, totalmente cubierto de hormigas.

*«¿Por qué... apareció un agujero negro
en la palma de mi mano, con multitud de hormigas
que intento tomar con una cuchara?»*

Salvador Dalí

El surrealismo

*U*n *chien andalou* situó a Dalí con gran fuerza en el centro del movimiento surrealista. Los surrealistas se mostraban entusiasmados con la película, ya que aplicaba muchas de sus ideas.

INTERPRETAR SUEÑOS

Los surrealistas exploraban el mundo de los sueños. No fueron los primeros en hacerlo, pero sí los primeros que se dejaron inspirar por el pensador austríaco Sigmund Freud (1856-1939). En su libro *La interpretación de los sueños* (1900), Freud muestra cómo un psiquiatra puede ayudar a solucionar los problemas de sus pacientes por medio del análisis o la interpretación de los sueños. Freud defendía la idea de que los sueños podían mostrar el inconsciente.

▲ *Diálogo de los insectos*, Joan Miró, 1924-1925. André Breton dijo de Miró que era «el más surrealista de todos». Esta pintura es típica del arte de Miró de la década de 1920, de imaginación infantil y repleto de colores alegres.

MEJOR QUE LO REAL

«Surreal» era un término inventado que significaba «más que lo real» o «mejor que lo real». A la cabecilla del grupo se hallaba el poeta francés André Breton (1896-1966). En 1924, Breton organizó la publicación del primer *Manifiesto surrealista*, donde se perfilaban las ideas del grupo. La primera exposición de pinturas surrealistas se celebró en 1925 en París e incluía trabajos del artista alemán Max Ernst (1891-1976) y de Joan Miró. Pronto, otros artistas europeos y estadounidenses siguieron las ideas surrealistas. Dalí perteneció a esta nueva generación de artistas más jovenes. Los primeros surrealistas, entre los que se encontraba Breton, pronto reconocieron la importancia de Dalí.

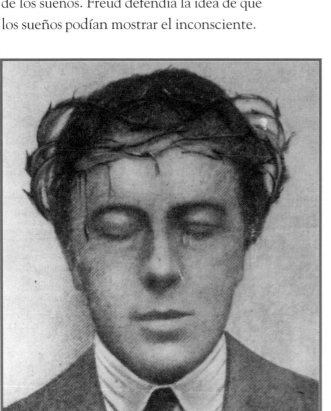

◄ André Breton fotografiado para el primer *Manifiesto surrealista* en 1924.

UN ARTE QUE INCOMODA

Los surrealistas rechazaban la mayor parte del arte que se realizaba en aquellos momentos, ya que les parecía demasiado «fácil» y «cómodo». Despreciaban especialmente el arte del pintor francés Henri Matisse (1869-1954). Matisse dijo en una ocasión que una buena obra de arte debía ser tan confortable como un buen sillón. Por el contrario, los surrealistas con su arte deseaban provocar a la gente. No les bastaba con que las personas contemplaran sus obras, sino que también querían incitarles a reflexionar.

Una de las estrategias que utilizaban para conseguir sus propósitos era colocar objetos en combinaciones insólitas, como, por ejemplo, un asno encima de un piano, como hicieron Dalí y Buñuel en *Un chien andalou*. A veces, los surrealistas se servían de la técnica del *collage*, y combinaban fotografías y palabras extraídas de revistas y periódicos. Otra técnica era el *frottage*, que consistía en frotar sobre un papel el relieve de cualquier superficie, por ejemplo, el pavimento, y usar las formas que aparecían como punto de partida para realizar una pintura.

Las imágenes surrealistas sorprendían e incluso a veces disgustaban al público de la época. En algunas ocasiones se reían y en otras se molestaban al verlas. Hoy en día es más difícil desconcertar al público, puesto que estamos acostumbrados a ver imágenes «surreales» continuamente en programas de televisión o en la publicidad. No obstante, las imágenes surrealistas originales pueden ser aún muy inquietantes.

«El arte de Dalí [es] el más alucinante que se conoce.»

André Breton

▼ Exposición surrealista en París, 1938. Los surrealistas disfrutaban perturbando a la gente. ¡Aquí han transformado una galería en un dormitorio y una jungla!

Confundir y perturbar

Dalí era ya un destacado miembro del grupo surrealista. Fue incluso elegido para diseñar la imagen principal del *Segundo manifiesto surrealista*, publicado en 1930. Aquel año, Dalí y su amante, Gala Éluard, se fueron a vivir a una casita de pescadores en Port Lligat, un pueblecito junto a Cadaqués. Allí Dalí pintó algunas de sus obras más famosas, entre ellas *La persistencia de la memoria*.

▲ Albert Einstein, hacia 1925. Sus ideas sobre el tiempo y el espacio transformaron la visión que la gente tenía del mundo.

◄ La casa de Dalí y Gala en Port Lligat. En los años que vivieron allí, la pareja transformó la casita de pescadores en una casa bella y amplia con un estudio. Actualmente, la casa es un museo dedicado a Dalí y a su trabajo.

DALÍ Y EINSTEIN

Dalí estaba fascinado por las ideas del científico Albert Einstein (1879-1955). Las teorías de Einstein sobre la naturaleza y el espacio cambiaron la manera en la que las personas miraban el mundo. Anteriormente se tenía la convicción de que el mundo era sólido y constante, sin embargo, Einstein sugirió que todo estaba en flujo. Incluso el tiempo, el cual no fluye de manera constante, sino que se ralentiza o se acelera, dependiendo de las circunstancias. La idea de Einstein se conoce como la teoría de la relatividad.

IMÁGENES DOBLES

Por aquel entonces, Dalí estaba desarrollando sus ideas acerca del surrealismo, que plasmó en el libro *La mujer visible* (1930). Creía que los surrealistas debían representar un tipo de locura o fiebre en la que una cosa pudiera asemejarse a otra en un momento determinado y a otra diferente después. Muchas de sus obras muestran este tipo de «imágenes dobles» para confundir e inquietar al espectador. Por ejemplo, en el centro de *La persistencia de la memoria*, un reloj se desliza sobre lo que parece ser una roca de colores pálidos. Pero, si se mira atentamente es posible descubrir que la roca podría ser un rostro que yace sobre la arena.

CRONOLOGÍA ▶

Enero de 1930	Abril de 1930	Verano de 1930	Octubre de 1930	Diciembre de 1930	1931
Termina el régimen de Primo de Rivera en España. Una de las causas es la depresión económica.	Se publica el *Segundo manifiesto surrealista*. Dalí realiza la imagen principal.	Dalí y Gala compran una casa de pescadores en Port Lligat, Cadaqués. Poco a poco empiezan a restaurarla.	Se estrena en París *L'âge d'or*, la nueva película de Buñuel con la colaboración de Dalí. Después de diversas protestas en la prensa, la película se prohíbe.	Se publica *La mujer visible*.	Se declara la República en España.

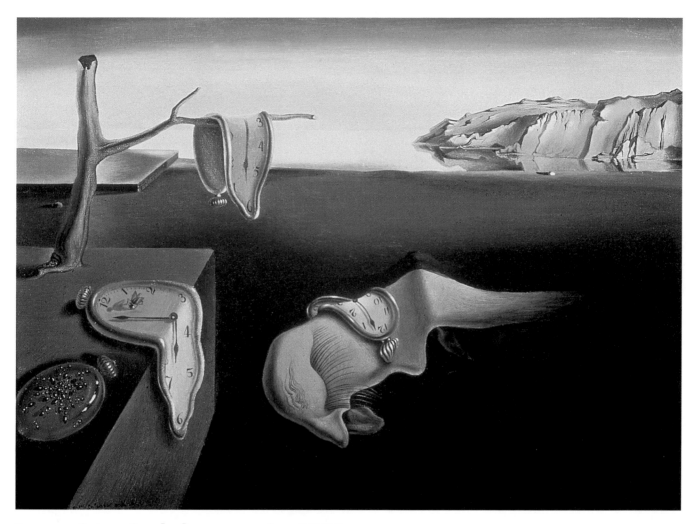

La persistencia de la memoria, 1931

Óleo sobre lienzo, 24 x 33 cm, Museo de Arte Moderno, Nueva York

Dalí definía sus pinturas como «fotografías de sueños pintadas a mano». Con ello quería decir que las cosas que pintaba parecían a menudo muy reales –como las fotografías–, pero que, al mismo tiempo, eran improbables o imposibles, como ocurre con los sueños. Aquí se observa esta técnica para representar unos relojes que se derriten en una cálida playa. Un reloj cuelga lánguidamente de un árbol muerto; otro atrae a un grupo de hormigas (*véase pág.* 17). Cada uno de los relojes marca una hora distinta. Parece que la obra sea un reflejo de ese mundo inestable e incierto que propone Einstein en su teoría de la relatividad.

«Será posible sistematizar la confusión y así contribuir a una desacreditación total del mundo de la realidad.»

Salvador Dalí sobre la doble imaginería en La mujer visible

Amor y matrimonio

Finalmente, en 1934, Dalí contrajo matrimonio con Gala. Ella había sido su gran amor, además de su musa, desde que se conocieron en 1929. En aquella época, Gala estaba aún casada con el poeta surrealista Paul Éluard (1895-1952). El padre de Dalí se encolerizó tanto por el enlace, que expulsó a su hijo del hogar familiar. Como protesta, Dalí se afeitó la cabeza.

Dalí adoraba a Gala. Ella le había ayudado a superar una depresión que había sufrido antes de que los dos se conocieran. Muy a menudo Gala posaba como modelo para Dalí; además pasaban la mayor parte del tiempo muy felices en Port Lligat.

El éxito de Dalí continuaba. Poco después de casarse, se celebró su primera exposición individual en Londres. Más tarde, la pareja viajó a Nueva York, donde fue recibida con mucha expectación.

▲ *El ángelus*, Jean-François Millet, 1857-1859. El ángelus es una oración cristiana que se reza por la mañana, al mediodía y al anochecer.

▲ Dalí coloca a Gala para una de sus pinturas en Port Lligat. Para Dalí, la forma de la espalda y las caderas de Gala constituía la perfección femenina absoluta.

EL ÁNGELUS DE GALA

Dalí pintó este retrato de Gala algunos años después de haberla conocido. El pintor muestra a Gala de frente y de espaldas al mismo tiempo, de forma que parece que hubiera un espejo entre las dos figuras. No obstante, no existe tal espejo, e incluso se pueden observar algunas curiosas diferencias entre las dos Galas: mientras que una de ellas está sentada sobre una caja, la otra posa sobre una carretilla.

Al fondo se ve la imagen de dos campesinos rezando en el campo al anochecer. Se trata de una interpretación del propio Dalí de la obra *El ángelus* del artista francés Jean-François Millet (1814-1875). Una copia de esta obra colgaba en la pared de la primera escuela de Dalí. Le obsesionó durante toda su vida.

CRONOLOGÍA ▶

Enero de 1933	Noviembre de 1933	1934	Enero de 1934	Octubre de 1934	Noviembre de 1934
En Alemania, el partido nazi consigue el poder bajo el mando de Adolf Hitler.	Primera exposición individual de Dalí en Estados Unidos en la galería de arte Julien Levy, en Nueva York.	Dalí empieza a distanciarse del grupo surrealista debido a sus discrepancias con André Breton.	Dalí contrae matrimonio con Gala.	Primera exposición individual de Dalí en Gran Bretaña, en la galería Zwemmer, en Londres.	Dalí y Gala visitan Nueva York por primera vez.

El Ángelus de Gala, 1935

Óleo sobre madera, 32 x 27 cm, Museo de Arte Moderno, Nueva York

Dalí deja al observador con la duda de si Gala está rezando o si la pintura misma es una oración dirigida a su mujer. En cualquier caso, la obra muestra la gran devoción de Dalí hacia Gala. Como en muchas de sus obras, Dalí pinta este retrato muy minuciosamente y da gran importancia al detalle. La bonita chaqueta bordada de Gala parece casi salirse del cuadro de lo realista que es.

La guerra civil

Mientras Dalí disfrutaba del éxito internacional, la situación en España iba empeorando. De 1936 a 1939 la guerra civil atormentó a España. En la guerra civil lucharon aquellos que creían que España debía ser una monarquía, es decir, que estuviera regida por un rey, contra los que pensaban que debía ser una república gobernada por un presidente elegido por el pueblo. Muchos republicanos pertenecían a la clase obrera o eran defensores de partidos de izquierda, como los socialistas o los comunistas. Los monárquicos, en cambio, eran mayoritariamente hacendados, gente de negocios, o bien miembros del ejército o de la iglesia católica.

LA NUEVA REPÚBLICA

España había sido una monarquía durante muchísimos años; sin embargo, en 1931 los españoles votaron a favor de que el país se convirtiera en una república. El nuevo gobierno llevó a cabo reformas de gran alcance. Repartió tierras de cultivo y dio una mayor independencia a regiones como Cataluña.

▲ *Aidez l'Espagne*, Joan Miró, 1937. El pintor catalán Joan Miró era un defensor apasionado de los republicanos. Este cartel es una llamada a los franceses a ayudar a España en la lucha contra Franco.

EL FIN DE LAS REFORMAS

Cada vez más españoles opinaban que las reformas eran excesivas. En 1933, un nuevo gobierno ascendió al poder y terminó con el plan de reformas. En algunas regiones de España, los obreros se rebelaron contra la autoridad. En Barcelona, el presidente Lluís Companys declaró el Estado Catalán el 6 de octubre de 1934. Los soldados del gobierno reprimieron brutalmente las rebeliones, acto que se saldó con la muerte de más de mil personas. En 1936, el presidente español llamó al pueblo

◀ El líder nacional, el general Franco, fue implacable en su determinación de acabar con el gobierno republicano elegido.

▲ Civiles que en una barricada provisional defienden Barcelona, 1937.
La mayoría de la población de Barcelona apoyaba la causa republicana.

a nuevas elecciones. Esta vez, por una pequeña diferencia de votos, ganaron los partidos republicanos de izquierda. Casi en el acto, estalló una rebelión monárquica. Los rebeldes, encabezados por el general Francisco Franco (1892-1975) y conocidos como nacionales, pronto ganaron el control de cerca de un tercio de España. Las fuerzas que defendían la república se denominaron republicanas.

LA INTERVENCIÓN INTERNACIONAL

Ni nacionales ni republicanos eran lo bastante fuertes como para ganar con facilidad la guerra, por lo que buscaron ayuda en el extranjero.

La Alemania nazi de Hitler y los fascistas italianos bajo el mando de Mussolini enviaron tanques, aviones y soldados para luchar al lado de los nacionales. La comunista Unión Soviética facilitó ayuda militar a los republicanos. Además, miles de voluntarios de todo el mundo llegaron a España para luchar por la causa republicana. En total murieron más de 500.000 españoles como resultado de la guerra. Muchos de ellos eran civiles víctimas de los bombardeos e incluso algunos fallecieron por la falta de alimentos. Después de casi tres años de lucha, en marzo de 1939, los nacionales derrotaron a los republicanos y el general Franco estableció la dictadura.

Franco permanecería en el poder durante más de 35 años.

TOMA DE POSICIÓN

Durante la guerra civil, la mayoría de los artistas españoles, incluidos Pablo Picasso y Joan Miró, defendieron los ideales republicanos. En 1937, por ejemplo, Picasso realizó una pintura mural que conmemoraba Guernica, una pequeña ciudad vasca que fue bombardeada por aviones alemanes. Los surrealistas, en general, también se mostraron a favor de los ideales republicanos. Sin embargo, Dalí rehusó firmemente apoyar a ninguna de las dos partes, ni cuando los nacionales ordenaron ejecutar a su amigo el poeta García Lorca en 1936.

El horror de la guerra

▲ En este detalle de *Canibalismo otoñal*, las pinceladas son imperceptibles.

EN DETALLE

Dalí realizó esta pintura de un modo muy minucioso. En aquellos tiempos, muchos artistas pintaban de una forma muy libre y osada, con pinceladas gruesas visibles en sus pinturas. Por el contrario, Dalí pintaba con tal técnica que uno es incapaz de distinguir la más mínima pincelada, de forma que las pinturas poseen una apariencia lisa y brillante. Este modo de pintar se denominaba «académico» y era muy popular en el siglo XIX. Dalí empleaba este estilo para hacer que las cosas más insólitas parecieran reales. ¡Es posible no sólo verlas, sino casi sentirlas y olerlas! En la parte superior, en el fragmento en detalle de *Canibalismo otoñal* es difícil no estremecerse al contemplar el brillo del metal del cuchillo que se hunde en la tierna carne de color acaramelado.

Dalí no se mostró a favor de los republicanos ni de los nacionales en la guerra civil; no obstante, le horrorizó enormemente la destrucción que ésta había causado. Poco después de estallar la guerra pintó *Canibalismo otoñal*. En esta famosa pintura, dos seres humanos monstruosos se devoran el uno al otro. El primer hombre extrae con una cuchara carne del segundo hombre, mientras que este último introduce un cuchillo en la piel del primero.

TRADICIÓN ESPAÑOLA

Dalí no fue el primer artista que intentó expresar los horrores de la guerra. A principios del siglo XIX, el artista español Francisco de Goya se sintió motivado a interpretar otro período de guerra en la historia de España y realizó varias obras con esa temática. En *El coloso* (inferior) Goya muestra a un gigante furioso que infunde el miedo y el pánico a centenares de personas. Muchos críticos ven en el personaje del coloso el símbolo de la guerra. En otra obra, Goya representa al gigante Saturno devorando a su propio hijo. Como Dalí, emplea el canibalismo para manifestar su repugnancia por la guerra.

▲ *El Coloso*, Francisco de Goya, hacia 1810. Muchos artistas han intentado representar el sin sentido de la destrucción causada por las guerras. Goya realizó esta obra después de que las tropas del emperador francés Napoleón invadieran España en 1809.

Canibalismo otoñal, 1936

Óleo sobre lienzo, 65 x 65 cm, Tate Modern Gallery, Londres

Dalí usó colores apagados –principalmente marrones y grises– para realizar esta obra tan macabra. Incluso el cielo está vacío y gris, a excepción del nubarrón que aparece a lo lejos. Los cajones, como el inferior a la derecha, aparecen en muchas de las pinturas dalinianas de la época. Según Dalí, por una parte simbolizaban el inconsciente oculto, y por otra eran el origen de malos olores, en este caso el olor de la guerra.

«De toda aquella España martirizada asciende un olor [...] a carne de cura quemado, a carne espiritual descuartizada, mezclada con el olor intenso de [...] la muerte.»

Salvador Dalí

La estrella del *show*

DALÍ Y EL DISEÑO

A partir de la década de 1930, Dalí dedicó mucho tiempo al diseño de objetos surrealistas. Algunos críticos incluso piensan que era mejor diseñador que pintor. Estaba especialmente interesado en la moda, así que creó extravagantes piezas de ropa y joyería. Trabajó junto con la diseñadora italiana Elsa Schiaparelli (1890-1973). Entre sus creaciones se encontraba un conjunto de señora con bolsillos que parecían cajones, así como un vestido con un bogavante, perejil y mayonesa como estampado.

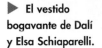

▶ El vestido bogavante de Dalí y Elsa Schiaparelli.

▲ Dalí en su traje de buzo con otros pintores y escritores surrealistas en Londres en 1936.

Pese a la guerra civil, Dalí continuó viajando y, paralelamente, su fama internacional iba en aumento. En 1936 se inauguró una exposición de arte surrealista en Londres. Dalí fue la estrella del acontecimiento, puesto que atrajo la atención de la prensa al pronunciar una conferencia en la galería disfrazado de buzo. Algunos surrealistas, especialmente André Breton, criticaron a Dalí por su ambición de fama. Por otro lado, Breton era comunista y acusó a Dalí de mostrarse a favor de extremistas de derecha, como el dictador alemán Adolf Hitler.

MOBILIARIO SURREALISTA

Durante esa época, Dalí conoció y entabló amistad con un millonario inglés llamado Edward James. De 1936 a 1939, James pagó un sueldo todos los meses a Dalí a cambio de sus dibujos y pinturas. Asimismo, Dalí creó objetos y muebles surrealistas para James como, por ejemplo, un sofá de color rosa con forma de labios, un teléfono con un bogavante como auricular y una silla con manos.

CRONOLOGÍA ▶

Junio de 1936	Julio 1936	Agosto de 1936	Diciembre de 1936	Diciembre de 1936
Se inaugura en Londres la Exposición Internacional del Surrealismo. Dalí pronuncia una charla disfrazado de buzo.	Empieza la guerra civil española.	Lorca muere fusilado por los nacionales.	Dalí firma un contrato con Edward James en el que se aseguraba unos ingresos mensuales durante tres años.	Aparece el retrato de Dalí en la portada de la popular revista americana *Time*.

Teléfono bogavante, 1936

Teléfono con un bogavante de yeso pintado, 15 x 30 x 17 cm, Tate Modern Gallery, Londres

¡Imagínate contestar una llamada con un teléfono así! El sentido daliniano de la burla y de lo absurdo se manifiesta especialmente en objetos surrealistas como éste. Aun así, detrás de sus bromas existe siempre un aire de amenaza.

*«No es necesario que el público sepa
si estoy bromeando o no, así como tampoco
es necesario que yo lo sepa.»*

Salvador Dalí

Pintar el inconsciente

En 1938, Dalí viajó a Londres para visitar al famoso pensador Sigmund Freud y realizar algunos retratos de él. Asimismo, le mostró su pintura *La metamorfosis de Narciso*.

UN MITO ROMANO

Un poeta y escritor de la antigua Roma, Ovidio, narró la historia de un joven muy apuesto llamado Narciso. Éste, tras mirarse en las aguas de una charca, se enamoró tan apasionadamente de su propio reflejo que quedó paralizado. Con el tiempo murió y los dioses transformaron su cuerpo en una flor de primavera: el narciso.

▲ *Eco y Narciso*, Nicolas Poussin, 1627-1628. El mito de Narciso ha sido pintado por muchos artistas. En esta versión de Poussin, un pintor francés del siglo XVII, Narciso yace muerto, mientras unas flores, los narcisos, brotan de su cabeza.

DALÍ Y FREUD

Las ideas de Freud sobre la personalidad humana tuvieron una fuerte influencia en el trabajo de Dalí y de los surrealistas en general (*véase* pág. 18). Freud describe un estado en el cual una persona está tan obsesionada consigo misma que es incapaz de amar a otra. A este estado lo denomina narcisismo. Freud empleaba a menudo personajes de la mitología antigua para describir tipos psicológicos particulares. Así, otro ejemplo es el complejo de Edipo, un estado en el cual un hombre está obsesionado con su propia madre. Edipo es el personaje de un mito de la antigua Grecia que por error contrajo matrimonio con su madre.

En esta pintura de Dalí, se observan los dos narcisos, el anterior y el posterior a la metamorfosis (transformación). A la izquierda, Narciso se arrodilla sobre la charca. A la derecha, tanto el cuerpo como el reflejo se han petrificado. La cabeza de esta figura de piedra se asemeja a un huevo, del cual brota una flor blanca. Incluso en la pintura se encuentra otro *Narciso*, similar al resto. ¿Puedes verlo?

CRONOLOGÍA ▶

Enero de 1937	Junio de 1937	Julio de 1937	Enero de 1938	Marzo de 1938	Julio de 1938
Dalí viaja a Hollywood y allí conoce a los hermanos Marx.	Picasso muestra el *Guernica*, su famosa obra en contra de la guerra.	Dalí pinta *La metamorfosis de Narciso* y escribe un poema con el mismo título.	Dalí participa en la Exposición Internacional del Surrealismo en París.	Hitler toma Austria. Breton y los surrealistas condenan los comentarios que Dalí hace sobre Hitler.	Dalí visita a Freud en Londres.

La metamorfosis de Narciso, 1937

Óleo sobre lienzo, 51 x 78 cm, Tate Modern Gallery, Londres

En esta obra, Dalí muestra cómo la vanidad puede llevar al decaimiento y a la muerte.
También sugiere que el narcisismo no es únicamente negativo, sino que también puede llegar
a crear belleza, como una flor. La historia de Narciso fascinaba a Dalí. Incluso escribió un largo
poema mientras trabajaba en esta pintura.

«[...] descubren los innumerables olores narcisistas
que se desprenden de todos nuestros cajones.»

Salvador Dalí sobre las teorías de Freud

El poder de Hitler

▲ Hitler posa junto a Chamberlain (en el centro) después de firmar el pacto de Múnich en septiembre de 1938.

En 1938, el dictador alemán Adolf Hitler envió tropas al país vecino de Austria. Nunca había ocultado sus propósitos de crear un vasto imperio alemán, de manera que continuó luchando por sus objetivos con agresividad. Algunos países europeos intentaron mantener la paz (*véase* recuadro), por lo que ofrecieron a Hitler quedarse con una parte de Checoslovaquia (la actual República Checa y Eslovaquia).

Dalí estaba fascinado por el poder y carisma de Hitler, aunque no siempre admiró sus creencias. Muchos surrealistas eran comunistas y se oponían rotundamente a Hitler. Dalí fue acusado de apoyar a Hitler, lo que condujo a que fuera expulsado del grupo.

AMENAZAS DE GUERRA

En 1938, el primer ministro británico Neville Chamberlain (1869-1940) viajó a Múnich para entrevistarse con Hitler con la esperanza de evitar la guerra. La táctica de Gran Bretaña se conocía como el «entreguismo». En este encuentro, Hitler y Chamberlain acordaron que Alemania podía tomar la región de los Sudetes, una parte de Checoslovaquia. Chamberlain regresó victorioso a Gran Bretaña proclamando que había conseguido «la paz en nuestros tiempos». Dalí pintó *El enigma de Hitler* algo después de este acontecimiento, poco convencido del acuerdo. Sus dudas habían sido razonables. En marzo de 1939, el ejército de Hitler ya había tomado toda Checoslovaquia.

EUROPA EN GUERRA

En septiembre de 1939, las tropas alemanas invadieron Polonia. Poco después, Gran Bretaña declaró la guerra a Alemania. La segunda guerra mundial había empezado. En aquellos momentos, Dalí y Gala se encontraban en París. Al principio, se trasladaron al sudoeste de Francia, para alejarse de cualquier posible ataque. Sin embargo, en 1940, Alemania invadió y ocupó Francia. Dalí, Gala y otros muchos artistas y escritores decidieron huir de Europa y empezar una nueva vida en un refugio más seguro: en Estados Unidos.

▲ Dalí en la cubierta del barco que lo lleva a Nueva York, 1936. Durante este viaje, recibió mucha atención por parte de la prensa. A finales de aquel año, incluso apareció en la portada de la popular revista *Time*. Cuando regresó a esta ciudad en 1940 Dalí era ya toda una celebridad.

CRONOLOGÍA ▶

Septiembre de 1938	Principios de 1939	Septiembre de 1939	Junio de 1940	Agosto de 1940	Noviembre de 1941	Diciembre de 1941	Octubre de 1942
Encuentro de Chamberlain y Hitler en Múnich.	Dalí es expulsado del grupo surrealista. Fin de la guerra civil española.	Empieza la segunda guerra mundial. España permanece neutral.	Alemania ocupa Francia.	Dalí y Gala escapan a Estados Unidos.	Exposición de Dalí y Miró en el Museo de Arte Moderno, Nueva York.	Estados Unidos entra en la guerra después del bombardeo de Japón sobre Pearl Harbor.	Dalí publica su autobiografía, *La vida secreta de Salvador Dalí*.

El enigma de Hitler, 1939

Óleo sobre lienzo, 51,2 x 79,3 cm, Museo Nacional Centro de Arte Reina Sofía, Madrid

En *El enigma de Hitler* está presente un aire de terror y de amenaza de guerra. Una fotografía de Hitler arrancada del periódico reposa sobre un plato. Un extremo del auricular del gigante teléfono negro se está transformando en la pinza de un bogavante, que simboliza el comienzo de la guerra, a pesar del diálogo. Antes de la segunda guerra mundial, nadie estaba muy seguro de cómo iba a proceder Hitler. Justamente éste es el «enigma» o misterio del título de Dalí.

«Si Hitler conquistara Europa, eliminaría los histéricos de mi especie... Hitler me interesaba únicamente como foco de mi propia manía y porque me fascinaba su inigualable potencial de destrucción.»

Salvador Dalí

Dalí en Estados Unidos

▲ En la década de 1940, el famoso *skyline* de Manhattan, en Nueva York, parecía resumir la imagen de *glamour* de América.

A mediados de la década de 1930, Estados Unidos emergía lentamente de los años de la depresión causada por el *crack* bursátil de 1929. Para muchos europeos, Estados Unidos volvía a ser un país repleto de energía y esperanza, como a principios del siglo XX. Les entusiasmaba la música americana, los vertiginosos rascacielos de las bulliciosas ciudades americanas y las películas de Hollywood con el *glamour* de sus estrellas. En cambio, todo lo referente a Europa parecía aburrido y anticuado.

EL SUEÑO AMERICANO

Durante su visita a Estados Unidos en la década de 1930, Dalí se había enamorado locamente del país. Cuando él y Gala se fueron allí a vivir en 1940 ya eran populares y tenían un círculo de amigos bastante grande. Vivían en el estado de Virginia, en casa de una rica mujer americana que se llamaba Caresse Crosby. Dalí, perseguido por las anfitrionas de la alta sociedad y por los periodistas, tenía numerosas ofertas de trabajo.

UNA VIDA SECRETA

A las revistas americanas les gustaba informar sobre la vida excéntrica de Dalí. En un reportaje titulado «Un día del chiflado Dalí» se veía la imagen del pintor trabajando sentado en una silla que se mantenía en equilibrio sobre cuatro tortugas. Asimismo, Dalí atrajo la atención en 1942 cuando publicó su autobiografía titulada *La vida secreta de Salvador Dalí*. Este libro está lleno de curiosas historias sobre su infancia y juventud. Algunas de las historias son verdaderas, pero otras son producto de su imaginación. Dalí creía que, como joyas falsas, las falsas memorias son «las más reales, las más brillantes».

DÓLARES

En Estados Unidos, Dalí ganó mucho dinero gracias a sus retratos de gente famosa y a sus trabajos publicitarios. André Breton acusó a Dalí de ser codicioso y bromeando le llamó «Avida Dollars» que significa «loco por los dólares». (Avida Dollars es un anagrama del nombre Salvador Dalí.)

Dalí también trabajó en Hollywood. Colaboró con Alfred Hitchcock (1889-1980) en la película *Spellbound* (1945). En ella, un psiquiatra resuelve el misterio de un asesinato tras analizar los sueños de su paciente. Dalí diseñó los decorados que se usaron para representar los sueños de este hombre.

▲ *La Luna, mujer corta el círculo*, Jackson Pollock, hacia 1943. Jackson Pollock pertenecía a una nueva generación de artistas americanos que llevaban el arte hacia direcciones desafiantes y radicales. Como resultado, Nueva York reemplazaba a París como centro mundial del arte.

▲ Escenario diseñado por Dalí para las secuencias de ensueño de la película de Hitchcock *Spellbound*. Alfred Hitchcock era, en aquella época, uno de los principales directores de cine. Representaba mucho para la fama de Dalí haber sido invitado por el director a trabajar con él en su película.

LA ERA ATÓMICA

En 1941, Japón, aliado de Alemania, bombardeó Pearl Harbor, una base naval estadounidense en Hawaii. Como consecuencia, Estados Unidos entró en guerra y se unió a Gran Bretaña. El fin de la guerra llegó en 1945, poco después de que un avión norteamericano lanzara la primera bomba atómica sobre Hiroshima, en Japón, que acabó con la vida de 240.000 personas. Esta terrible explosión asombró a Dalí más de lo que le horrorizó. Más tarde, escribió que la explosión de una bomba atómica se asemejaba a «árboles de hongos y musgo de un paraíso terrenal».

El hombre del bigote

▲ Dalí en su estudio de Port Lligat en la década de 1950. De la pared cuelga un crucifijo.

EXPERIENCIAS MÍSTICAS

Dalí había crecido en el seno de una familia católica. Aunque su padre no creía en Dios, su madre era muy devota. No obstante, hasta 1940, Dalí no dio excesiva importancia a la religión en su trabajo, excepto en ciertas ocasiones en que se mofaba de ella. No obstante, después de la segunda guerra mundial Dalí empezó a sentirse atraído por la religión y, especialmente, por el misticismo. Un místico tiene experiencias religiosas como, por ejemplo, visiones que hacen que tenga un contacto directo con Dios. Dalí consideraba estas experiencias surrealistas porque parecían pertenecer al mundo de la imaginación y del subconsciente. En los últimos años de su vida, Dalí realizó un gran número de obras religiosas. Se trata de pinturas poco corrientes. Algunas personas han puesto en duda la sinceridad de la fe de Dalí, otras, en cambio, consideran su trabajo religioso profundamente conmovedor.

Dalí y Gala no regresaron a Europa hasta 1949. Durante el resto de su vida, Dalí sería una estrella internacional y tan famoso por sus pinturas como por su típico bigote rizado y su bastón. Le encantaba salir en la televisión, y escribió un gran número de libros repletos de historias sobre su vida. Incluso en 1945 publicó un libro sobre su propio bigote.

«Usaré mi trabajo para mostrar la unidad del universo, para enseñar con ello la espiritualidad de toda sustancia.»

Salvador Dalí

RELIGIOSIDAD

Dalí y Gala pasaban su tiempo entre París, Nueva York y Port Lligat, disfrutando de una vida de lujo. Aunque tan sólo en Port Lligat, Dalí encontraba realmente tiempo para pintar. Después de la guerra, Dalí realizó muchas obras de temática religiosa (*véase* recuadro). En 1955, Dalí fue recibido por el Papa y, en 1958, contrajo otra vez matrimonio con Gala, esta vez por la Iglesia.

◀ Salvador Dalí delante de una de sus pinturas en 1957. Como de costumbre, Dalí lleva su bastón y la barretina, el típico gorro catalán (*véase* pág. 9).

CRONOLOGÍA ▶

1945	Agosto de 1945	1949	1954	1955	1958	1961
Dalí colabora con el director cinematográfico Alfred Hitchcock en la película *Spellbound*.	Estados Unidos lanza la primera bomba atómica sobre Hiroshima, Japón.	Dalí y Gala regresan a Europa.	Se publica *El bigote de Dalí*.	Dalí visita al Papa.	Dalí contrae matrimonio con Gala por la Iglesia.	La Union Soviética envía al primer hombre al espacio.

Cristo de san Juan de la Cruz, 1951

Óleo sobre lienzo, 205 x 116 cm, Museo de Arte y Vida Religioso de St. Mugo, Glasgow

Esta pintura está inspirada por la visión de san Juan de la Cruz, un místico del siglo XVI. En dicha visión, San Juan de la Cruz observa a Cristo desde arriba, como si él mismo estuviera en el cielo. Al contemplar esta obra, el espectador se siente como si estuviera suspendido en el aire. Con su mirada fija hacia abajo, contempla desde una vertiginosa altura al Cristo en la cruz, y bajo él, el abismo.

La última función

EL TEATRE MUSEU

En 1960, el alcalde de Figueres pidió a Dalí que donara una de sus pinturas al museo de la ciudad. Dalí no quiso hacerlo, aunque le prometió que construiría un museo entero. El Teatre Museu de Figueres abrió sus puertas al público en 1974, cuando Dalí contaba con 70 años.

El aspecto del Teatre Museu es muy diferente al de la mayoría de museos de arte. La fachada está pintada de color rosa intenso y en el tejado se colocaron hileras de huevos gigantescos. El interior del museo es igual de extravagante. En una habitación, por ejemplo, se encuentra una cama con peces en lugar de patas y junto a ella reposa el esqueleto dorado de un gorila.

▲ Exterior del Teatre Museu, Figueres. El mismo edificio es una gran obra de arte surrealista.

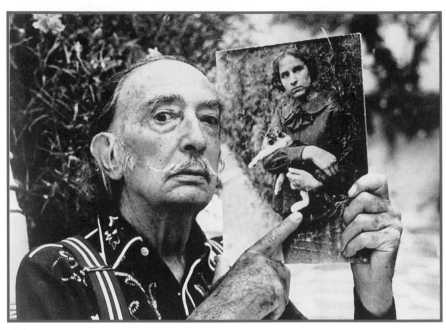

▲ Dalí sostiene una fotografía de Gala. La instantánea se hizo poco después de la muerte de su esposa en 1982. Dalí nunca más llegó a recuperarse de la pérdida de la mujer amada.

Incluso con una avanzada edad, Dalí siguió interesándose por el mundo que le rodeaba. Por ejemplo, le fascinaban los nuevos avances en el campo de la física y de la genética e incluso deseaba introducir esas ideas en su obra. Asimismo empezó a pintar con un instrumento óptico llamado estereoscopio de Wheatstone (*véase* derecha). La estereoscopia es la ciencia que estudia el modo en que el ojo humano puede percibir las tres dimensiones, en lugar de dos. Dalí consideraba que el sentido de la visión era un regalo, algo espiritual, casi milagroso.

EL PESAR DE LOS ÚLTIMOS AÑOS

La vida de Dalí estaba en el foco de los medios de comunicación. En 1964, publicó su segunda autobiografía, a la que medio en broma medio en serio tituló *Diario de un genio*. En 1982 Gala murió y él, como consecuencia, enfermó. De allí en adelante, Dalí vivió prácticamente aislado, cuidado por enfermeras. En 1989 murió. Su cuerpo reposa en la cripta del Teatre Museu de Figueres.

CRONOLOGÍA ▶

1964	1974	1975	1982	Junio de 1982	Julio de 1982	1983	1989
Dalí publica su segunda autobiografía, *Diario de un genio*.	Se inaugura el Teatre Museu de Figueres.	Franco fallece. España se convierte en un país democrático en manos de un monarca.	Se inaugura el Museo Salvador Dalí en St. Petersburg, Florida.	Gala fallece.	El rey Juan Carlos de España concede a Dalí el título de marqués de Púbol.	Dalí finaliza su última obra, *La cola de la alondra*.	El 23 de enero, Dalí fallece en Figueres.

Dalí de espaldas pintando a Gala de espaldas, exteriorizada por seis córneas virtuales provisionalmente reflejadas por seis espejos verdaderos (inacabada), 1972-1973

Óleo sobre lienzo (una de las dos partes), 60 x 60 cm, Fundación Gala-Salvador Dalí, Figueres

Las obras de Dalí son, a veces, muy complejas. En este trabajo, Dalí usa un estereoscopio para que el espectador tenga la impresión de estar mirando un espacio real, en lugar de un lienzo plano. Es posible ver múltiples espacios «reales» –desde el lienzo mismo hasta el espejo, o bien el paisaje de detrás de la ventana. Se ve a Dalí que pinta a Gala; ésta observa a su esposo, quien le devuelve la mirada –igual que nosotros– ¡fuera del espejo!

«El ser más extraordinario que puedas jamás encontrar, la superstar.»

Salvador Dalí sobre Gala

El legado de Dalí

Salvador Dalí es uno de los pintores contemporáneos más conocidos. Sus pinturas y objetos aún son capaces de sorprender, conmover o, incluso a veces, hacer reír. Aunque muchos de los temas tratados por Dalí son muy serios, siempre buscó el entretenimiento a través de sus obras. Por eso, muchos críticos piensan que Dalí era una especie de *showman* o un mago que hacía conjuros.

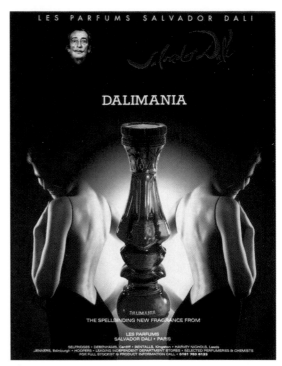

▲ Dalí disfrutaba siendo famoso y ganando dinero por ello. En 1983 se lanzó un nuevo perfume con su nombre: Dalimania.

REACCIÓN ANTE LA IMAGEN

Mucha gente considera que los artistas contemporáneos son difíciles de entender. Dalí, sin embargo, intentó dirigirse a las personas de un modo simple y directo. De hecho, a él no le interesaba que se entendieran sus pinturas, sino que el espectador reaccionara ante ellas como si se tratara de sus propios sueños. Todo el mundo se estremecería al ver hormigas en su mano; cualquier persona se quedaría perpleja al ver algo, que normalmente es sólido, derretirse, como ocurre con los relojes en la playa.

▲ Que las imágenes surrealistas hayan entrado en la vida cotidiana, a través de la televisión y la publicidad, tiene mucho que ver con la fama que alcanzó Dalí.

> *«El secreto de mi influencia siempre ha sido que ha permanecido siendo un secreto.»*
>
> *Salvador Dalí*

POP ART

Su franqueza, su sentido del humor y su fama son los legados más importantes que dejó el pintor al arte moderno. Muchos artistas contemporáneos quieren dirigirse con su arte a un amplio público y no sólo a un reducido grupo de expertos. Éste era uno de los objetivos de los artistas del *pop art*, un grupo que trabajó durante la década de 1960 y principios de 1970. El artista más destacado del *pop art* fue Andy Warhol (1928-1987). Warhol tomaba como motivos para sus obras imágenes públicas del periódico, de películas o de la televisión, e incluso productos cotidianos como latas de sopa.

▲ De manera similar a Dalí, Damien Hirst saltó a la fama por perturbar al público con sus obras.

EL ARTISTA COMO *SHOWMAN*

Damien Hirst (nacido en 1966) es un joven artista británico que ha apostado por la herencia daliniana. Hirst no es exactamente pintor ni escultor. Como Dalí, es un *showman*, un ilusionista de objetos sorprendentes y espantosos. Entre sus trabajos más conocidos se encuentran animales muertos, como vacas o tiburores, que se han seccionado en dos partes y se han expuesto en vitrinas. Naturalmente, al ver estos objetos es lícito sentir tristeza o repugnancia. Sin embargo, Hirst, al igual que Dalí, quiere incitarnos a reflexionar sobre temas como la decadencia o la muerte, algo que ha cautivado a los artistas durante cientos de años.

◀ El artista Andy Warhol desarrolló la idea de Dalí, según la cual objetos cotidianos podían, a través del arte, llegar a ser extraordinarios. Warhol también se hizo famoso por su imagen.

Dos surrealistas catalanes

Dalí no fue el único pintor surrealista catalán. Joan Miró (1893-1983) también era oriundo de Cataluña. Al principio de su relación, los dos artistas se trataban con afecto y cada uno admiraba el trabajo del otro. Miró, un poco mayor que Dalí, animó al joven artista a ensanchar sus horizontes en París. En 1929, ya en París, Miró presentó a Dalí a los surrealistas. A través de los años, el trabajo de los dos artistas se desarrolló en direcciones totalmente distintas (*véanse* obras de Miró en las págs. 18 y 24).

> «Eres, sin duda, un hombre con un don y con una brillante carrera por delante en París.»

▲ Después de visitar a Dalí en su estudio de Figueres en 1927, Miró le escribió, animándole a visitar París para fomentar su carrera y promover su arte.

> «Miró devuelve a la línea, al punto [...] y a los colores sus posibilidades más puras, elementales, mágicas... El arte de Miró es demasiado grande para el mundo estúpido de nuestros intelectuales y artistas.»

◄ Dalí era un gran admirador de la obra de Miró. Esto es lo que escribió en una crítica sobre una exposición de Miró en 1928.

JOAN MIRÓ

Joan Miró creció en una casa de campo cerca de Barcelona y se sentía muy orgulloso de ser catalán. Sus pinturas suelen incluir simbología catalana, como, la barretina. Incluso después de trasladarse a París en 1919, siguió veraneando en la granja de su padre.

Fue uno de los primeros artistas que se unió al grupo surrealista. Firmó el primer *Manifiesto surrealista*, con el que se comprometió a los ideales del grupo. Como surrealista, Miró exploraba la mente inconsciente a través de su arte. Al pirncipio de su carrera vivió míseramente e incluso pasó hambre. Una vez escribió que uno de sus cuadros lo inspiraron «las alucinaciones producidas por el hambre». Miró amaba la música y la poesía, y plasmó sus cualidades en su arte.

▶ Miró trabajando en una de sus pinturas, 1967.

CRONOLOGÍA ▶

1904	1921	1924	1928	1930
11 de mayo de 1904 Salvador Dalí Domènech nace en Figueres, Cataluña, España.	**Octubre de 1921** Ingresa en la Academia de San Fernando, en Madrid.	**Mayo de 1924** Cumple una sentencia de un mes en prisión.	**Marzo de 1928** Publica el *Manifiesto amarillo*.	**Enero de 1930** Finaliza la dictadura de Primo de Rivera.
1908 Nace Anna Maria, la hermana de Dalí.	**1922** Se forma el grupo surrealista en París.	**Octubre de 1924** Se publica el primer *Manifiesto surrealista*.	**Abril de 1929** Junto con Buñuel, realiza la película *Un chien andalou*.	**Abril de 1930** Diseña la imagen para el *Segundo manifiesto surrealista*.
1914 Se inaugura el Park Güell de Gaudí en Barcelona.	**1923** Se publica en español *La interpretación de los sueños* de Sigmund Freud.	**Noviembre de 1925** Primera exposición individual de Dalí en Barcelona.	**Verano de 1929** Empieza su relación con Gala Éluard.	**Verano de 1930** Compra una casita en Port Lligat, Cadaqués.
1914-1918 Primera guerra mundial.	**Septiembre de 1923** Dictadura de Primo de Rivera en España.	**Abril de 1926** Primer viaje a París. Visita a Picasso y a Miró.	**Octubre de 1929** Se estrena *Un chien andalou* en París. *Crack* bursátil del 29.	**Octubre de 1930** *L'âge d'or*, la película de Buñuel en la que colaboró Dalí, se estrena en París.
1917 Expone sus pinturas en el piso familiar.	**Octubre de 1923** Es expulsado temporalmente de la Academia.	**Octubre de 1926** Es expulsado de la Academia.	**Noviembre de 1929** Primera exposición de Dalí en París.	**Diciembre de 1930** Se publica *La mujer visible*.
Febrero de 1921 Muere su madre.		**Enero de 1927** Segunda exposición individual de Dalí.		

DIFERENTES PERSONALIDADES

Las personalidades de los dos artistas eran muy distintas. Miró era muy modesto y no le gustaba aparecer en público. Creía que Dalí mostraba demasiado entusiasmo por ser famoso. Cuando Dalí empezó a diseñar ropa, Miró dijo de él: «Dalí es un señor que pinta corbatas». Los dos hombres también se oponían por sus ideas políticas. Durante la guerra civil Miró defendió la causa republicana, mientras que Dalí rehusó tomar partido (*véase* pág. 25).

«El espectáculo del cielo sobrecoge. Me sobrecoge ver en lo inmenso del cielo la luna creciente o el sol. Los plasmo en mis pinturas: formas diminutas en amplios espacios vacíos. Espacios vacíos, horizontes vacíos, llanuras vacías...»

▲ Notas de Miró sobre sus fuentes de inspiración.

▶ Dalí siempre fue mucho más arrogante que Miró. Parece como si él mismo fuese su fuente de inspiración. Se mostraba encantado de ser famoso. ▼

«La única diferencia entre los surrealistas y yo es que yo soy un surrealista.»

«Cada mañana cuando me levanto siento la satisfacción más inmensa: la de ser Salvador Dalí.»

«Miró era la encarnación más pura de la libertad. Su arte era más aéreo, libre y ligero que cualquier cosa que hubiera visto antes.»

◀ Dalí y Miró atrajeron admiradores muy distintos. El escultor surrealista suizo Alberto Giacometti (1901-1966), un buen amigo de Miró, escribió estas palabras sobre su arte.

▶ El artista norteamericano Andy Warhol conoció a Dalí y a Gala en la década de 1960. Warhol no estaba demasiado interesado en el arte de Dalí, pero sentía admiración por su manera de comportarse como una estrella.

«Es como estar con gente de circo o de la realeza. Por eso me gusta estar con Dalí, ya que no se parece en nada a estar con un artista.»

1931	1934	1938	1942	1964
1931 Se instaura la República en España.	**Noviembre de 1934** Visita por primera vez Nueva York.	**Marzo de 1938** Hitler toma Austria.	**Octubre de 1942** Se publica *La vida secreta de Salvador Dalí*.	**1964** Se publica *Diario de un genio*.
Enero de 1933 Adolf Hitler asciende al poder en Alemania.	**Junio de 1936** Participa en la Exposición Internacional del Surrealismo en Londres.	**Julio de 1938** Conoce a Freud.	**1945** Trabaja para la película *Spellbound*.	**1974** Se inaugura el Teatre Museu en Figueres.
Noviembre de 1933 Primera exposición individual en Estados Unidos.	**1936-1939** Guerra civil española.	**Principios de 1939** Es expulsado del grupo de los surrealistas.	**1949** Regresa a Europa.	**1975** Franco fallece. España es un país democrático.
Enero de 1934 Matrimonio con Gala.	**Diciembre de 1936** Aparece en la portada de *Time*.	**1939-1945** Segunda guerra mundial.	**1954** Se publica *El bigote de Dalí*.	**Junio de 1982** Gala fallece.
1934 Se distancia del grupo de los surrealistas.	**Enero de 1938** Participa en la Exposición Internacional del Surrealismo en París.	**Agosto de 1940** Viaja a Estados Unidos.	**1955** Es recibido por el Papa.	**1983** Acaba su último cuadro *La cola de la alondra*.
Octubre de 1934 Primera exposición individual en Gran Bretaña.		**Noviembre de 1941** Exposición, junto con Miró, en el Museo de Arte Moderno, en Nueva York.	**1958** Contrae matrimonio con Gala por la Iglesia.	**1989** El día 23 de enero, Dalí fallece en Figueres.

Glosario

alucinación: hecho que la mente ve o experimenta, pero que no existe en la realidad.

anarquismo: creencia según la cual los hombres y mujeres deberían ser capaces de vivir sus vidas, de manera independiente a cualquier ley del gobierno o de la Iglesia.

collage: imagen que se obtiene tras pegar fotografías, recortes de periódico, hilos, etiquetas u otros objetos en una superficie plana.

comunismo: sistema político introducido por Karl Marx (1818-1883) según el cual todos los hombres y mujeres deben compartir los bienes y las tierras del estado.

cubismo: movimiento artístico iniciado en París en 1907 por los pintores Pablo Picasso (1881-1973) y Georges Braque (1882-1963). Los cubistas representaban los múltiples ángulos (de visión) de objetos o personas, de tal manera que se pudieran ver todos a la vez.

derecha: se aplica a las ideas u opiniones políticas conservadoras o tradicionalistas.

dictador: gobernante que posee el control absoluto sobre un país o estado.

enigma: misterio.

expresionismo: aproximación a la manera de pintar en la cual se comunica un estado de ánimo en lugar de representar el mundo exterior. El pintor noruego Edvard Munch (1863-1944) encabezaba el grupo. *El grito* es una de sus obras más importantes.

fascista: se aplica a un sistema político de extrema derecha, en el que el gobierno tiene un poder absoluto, que se concentra mayoritariamente en un líder carismático.

frottage: técnica según la cual se frota una superficie para obtener un efecto de textura.

genética: estudio de los genes, partes de las células vivas que se duplican de una generación a otra y que determinan la herencia.

grandes maestros: término que se emplea para nombrar a los pintores europeos más importantes del período comprendido entre 1500 y 1800. Entre ellos se encuentra Leonardo da Vinci (1452-1519), Miguel Ángel (1475-1564), Velázquez (1599-1660) y Jan Vermeer (1632-1675).

Iglesia católica: una de las más importantes Iglesias del cristianismo. La figura principal de la Iglesia católica es el Papa, que reside en el Vaticano, en Roma.

imperio: conjunto de países regidos por un país más fuerte.

impresionistas: artistas que surgieron en París a finales del siglo XIX y que pintaban «impresiones» del mundo con pinceladas gruesas y colores puros, sin mezclar. Entre los impresionistas se encuentran Auguste Renoir (1841-1919), Claude Monet (1840-1926) y Edgar Degas (1834-1917).

inconsciente: parte de la mente que se encuentra fuera de la mente consciente, la cual usamos cuando estamos despiertos. Los sueños y la imaginación son expresiones del inconsciente.

izquierda: se aplica a las ideas u opiniones políticas socialistas o comunistas.

misticismo: forma devota de creencia religiosa, por medio de la cual una persona alcanza

un contacto directo con Dios mediante experiencias espirituales, como, por ejemplo, visiones.

monarquía: sistema de gobierno liderado por un rey o reina.

montage: método de editar una película, según el cual una escena consta de diferentes secuencias que se cortan rápidamente una detrás de otra.

nazi: se aplica a todo lo relacionado con el partido nacionalsocialista alemán, un partido de extrema derecha liderado por Adolf Hitler, que dominó en Alemania entre 1933 y 1945.

pop art: movimiento artístico que surgió en Estados Unidos a mediados de la década de 1960, que ambicionaba crear un arte al alcance del gran público. Los artistas del *pop art* usaban como motivos objetos cotidianos, gente famosa o diseños conocidos. Andy Warhol (1928-1987) fue uno de los artistas más famosos del *pop art*.

república: sistema de gobierno dirigido por un presidente elegido por el pueblo.

socialismo: sistema político según el cual el gobierno intenta asegurar que todas las personas tengan un salario justo e igualdad de derechos.

surrealismo: movimiento intelectual que surgió en la década de 1920 y que trataba de representar la vida de nuestras mentes inconscientes y nuestros sueños. Dentro del grupo de los surrealistas se encontraban artistas, escritores y directores de cine.

vanguardia: se aplica a las nuevas ideas experimentales y radicales. También se usa para denominar a las tropas que preceden al cuerpo principal en una batalla.

Museos y galerías

Los trabajos de Dalí se pueden contemplar en museos y galerías de todo el mundo. Algunas de las instituciones de la siguiente lista están dedicadas exclusivamente a Dalí, pero la mayoría incluyen, además, un extenso catálogo de artistas.

Aunque no puedas visitar estas galerías, probablemente tendrás la posibilidad de navegar por sus páginas en Internet. En ellas, podrás encontrar imágenes de algunas de las obras que las galerías tienen en exposición. Incluso hay páginas web que ofrecen visitas virtuales en las que tendrás la impresión de estar vagando por el museo disfrutando de las obras de arte, ¡sin haberte movido de delante de tu ordenador!

Algunas de las páginas web que se muestran en la parte inferior incluyen la opción de poderlas ver en español.

Dalí Universe, Londres
County Hall
Riverside Building
Londres SE1 7PB
www.daliuniverse.com

Fundació Gala-Salvador Dalí
Esta institución representa a tres museos (mencionados en la parte inferior). Su página web conecta a los tres:
www.dali-estate.org

Teatre Museu Dalí
Plaça Gala i Salvador Dalí, s/n
17600 Figueres
España

Casa-Museu Castell Gala-Dalí
Púbol
17120 La Pera
España

Casa-Museu Salvador Dalí
Port Lligat
Cadaqués
España

Salvador Dalí Art Gallery
Galería virtual de arte, donde se exponen 1.500 trabajos de Dalí.
www.dali-gallery.com

Museo Salvador Dalí, San Petersburgo
1000 Third Street South
St. Petersburg
Florida 33701-4901
EE UU
www.salvadordalimuseum.org

Museo de Arte Moderno, Nueva York
11 West 53 Street
Nueva York
NY 10019
EE UU
www.moma.org

Museo Nacional Centro de Arte Reina Sofía
Santa Isabel, 52
Madrid
España
www.museoreinasofia.mcu.es

National Gallery of Australia
Parkes Place
Canberra
ACT 2601
Australia
www.nga.gov.au

Tate Modern Gallery, Londres
Bankside
Londres SE1 9TG
www.tate.org.uk

Índice